von:

Einladung zum Selberlesen

Liebe Eltern,

Sie haben ihrem Kind vorgelesen? Sehr gut.
Sie werden dies auch weiterhin tun? Umso besser.
Aber wenn Ihr Kind einmal hinter das Geheimnis der Buchstaben gekommen ist, will es auch selber lesen.
Es möchte erleben, wie beim Lesen eine spannende, lustige oder traurige Geschichte in ihm entsteht.
Das ist gar nicht so einfach. Es dauert lange, bis ein Kind gut und gerne liest.

Was es am Anfang braucht?

Ein ganzes Buch, das zum Lesen verlockt.
Ein Buch, das es beim Lesen nicht überfordert.
Ein Buch
- mit kurzen Geschichten
- mit einer genügend großen Schrift
- mit kurzen, überschaubaren Zeilen
- in einer verständlichen Sprache
- mit Bildern, die helfen den Sinn zu erfassen.

Bücher, die diesen Anforderungen gerecht werden, fördern das Abenteuer Lesen und machen Lust aufs nächste Buch.

Prof. Dr. Manfred Wespel,
lesedidaktischer Berater
des KÄNGURU-Programms

Anne Steinwart

Opa hat sich verliebt

Mit Bildern von Daniel Napp

arsEdition

Die Deutsche Bibliothek – CIP-Einheitsaufnahme

Opa hat sich verliebt / Anne Steinwart.
Mit Bildern von Daniel Napp. - München : Ars-Ed., 2002
(Känguru : Erste Geschichten zum Selberlesen)
ISBN 3-7607-3878-8

Lesedidaktische Beratung: Prof. Dr. Manfred Wespel

1. Auflage 2002

Titelbild und Innenillustrationen: Daniel Napp
Titelvignette: Carola Holland
Einbandkonzeption: Ralph Bittner
ISBN 3-7607-3878-8

www.arsedition.de

Inhalt

Heute ist Opatag

Niko flitzt zur Wallstraße.
Direkt von der Schule aus.

In der Wallstraße
wohnt Opa Bernie.
In einem kleinen Haus,
zu dem ein Garten gehört.
Seitdem Oma gestorben ist,
wohnt er dort ganz allein.

Jeden Freitag besucht Niko
seinen Opa.
Jeden Freitag ist Opatag!
„Das ist der schönste Tag
in der Woche“,
sagt Opa Bernie immer.

Darum geht Niko
richtig gerne zu ihm.
Und weil Opa so nett ist!

Niko erzählt ihm alles,
was passiert.

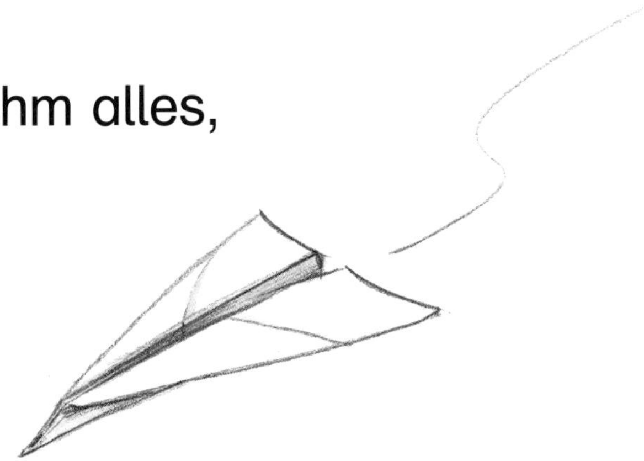

Heute war es
in der Schule sehr lustig.
Ein Fotograf war da
und sollte ein Foto
von Nikos Klasse machen.

„Ein Foto fürs Leben“,
hat die Lehrerin gesagt.

Alle mussten sich kämmen
und ordentlich aufstellen.
Dabei haben alle immerzu
wie verrückt gekichert.
Aber die Lehrerin hat gesagt:
„Ein Foto fürs Leben
darf nicht albern aussehen!“

Darum hat die Aufstellerei
eine Ewigkeit gedauert.

Zum Schluss war
das ganze Theater umsonst.

Der Fotograf hatte vergessen,
einen Film in seinen Apparat
zu legen.

Die Lehrerin hätte gerne
mit Kreide nach ihm geworfen.
So wütend sah sie aus.
Und der Fotograf
ist schnell abgehauen.
Solche Angst hatte er.
Aber alle Kinder
haben sich kaputtgelacht!

Diese Geschichte muss Niko unbedingt sofort Opa erzählen.

Und kochen wollen sie natürlich wieder zusammen. Und später die Gartenstühle neu streichen.

Wer ist Lisa?

Niko klingelt stürmisch
an Opas Haustür.

Eine komische Frau öffnet ihm.

Sie hat knallrote Locken
und eine grüne Latzhose an!

„Ist mein Opa nicht da?“,
fragt Niko etwas verwirrt.

„Doch, doch“,
sagt die Frau lachend.
„Ich bin übrigens Lisa
und du bist sicher Niko.

Ich habe schon
viel von dir gehört!“

Nun ist Niko
erst recht verwirrt.
Wieso hat diese Frau
schon viel von ihm gehört?

Wer ist sie?
Eine neue Nachbarin von Opa?

Zögernd folgt Niko der Frau
in die Küche.

Opa steht am Tisch und rührt
in einer Schüssel herum.
„Hallo, Niko“, sagt er fröhlich.
„Heute essen wir zu dritt.
Es gibt Mampf mit Kampf!“

Die Frau kichert.
Opa kichert auch.

„Mampf mit Kampf
ist Nikos Erfindung“,
sagt Opa dann zu der Frau.
„Wenn wir Pfannkuchen backen,
kämpfen wir immer
mit dem Teig und der Pfanne.
Nicht wahr, Niko?“

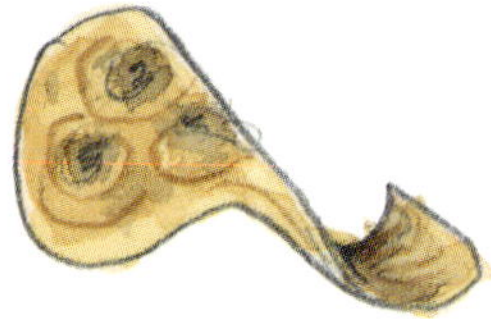

Als Niko nicht antwortet,
hört Opa auf zu rühren
und schaut ihn aufmerksam an.

„Was ist?“,
fragt Niko unfreundlich.
Er hat plötzlich
eine richtige Wut im Bauch.

Wieso sind sie heute zu dritt?
Opa spinnt wohl!
Wieso erklärt er nicht,
was hier los ist?
Nikos Augen funkeln vor Wut.

„Ach herrje“,
sagt Opa nun.
„Ich hätte dir vielleicht
schon eher etwas sagen sollen.
Lisa ist eine liebe Freundin.
Ich wollte,
dass ihr euch kennen lernt.“

Er legt einen Arm
um Lisas Schultern und strahlt.

Niko steht stocksteif da.
Die beiden sehen aus
wie ein Liebespaar!

Total blöd,
denkt Niko.

Opa hat sich verknallt!
Nicht im Traum
hätte Niko gedacht,
dass so etwas passieren kann.
Großväter verknallen
sich doch nicht!

So etwas hat Niko
noch nie gehört.
Und außerdem –
Opa hätte ihm wirklich
schon etwas sagen müssen.

Wütend presst Niko
die Lippen zusammen.
Er erzählt Opa schließlich auch
alle Neuigkeiten!

„Redet mal im Garten
ein Wort unter Männern“,
sagt Lisa jetzt energisch.
„Um den Mampf mit Kampf
kümmere ich mich.“

„Das ist eine gute Idee“,
sagt Opa Bernie.
Und zu Niko sagt er:
„Komm mal mit.
Ich muss dir was erzählen.“

Ein Gespräch unter Männern

Im Garten setzt sich Opa
auf die Bank
unter dem Apfelbaum.

„Ich war wohl ziemlich dumm“,
sagt Opa.
„Vor lauter Glück habe ich
nicht daran gedacht,
wie es für dich ist.“

Niko verzieht das Gesicht.
„Pechsache“,
sagt er nur.
Opa nickt ein paar Mal
und schaut ihn bittend an.

Niko dreht ihm den Rücken zu.

Eine Weile ist es ganz still.
Dann sagt Opa:
„Seit vier Jahren ist Oma tot
und ...“

Niko dreht sich herum
und unterbricht ihn heftig.
„Ich denke,
du hast sie immer noch lieb?“

„Das bleibt auch so“,
sagt Opa ernst.
„Aber ich habe mir auch
oft gewünscht,
wieder zu zweit zu sein.

Und vor ein paar Wochen
habe ich Lisa getroffen."
Er zieht Niko neben sich
auf die Bank.

„Sie war genauso einsam wie ich",
erklärt Opa weiter.
„Ihr Mann war sehr lange krank.
Vor zwei Jahren
ist er gestorben."

Opa fügt hinzu:
„Und Lisa hat niemanden.
Keine Kinder und auch
keinen Niko."

Niko starrt auf seine Schuhe.
Die Wut im Bauch ist weg.
Aber zufrieden
ist er auch nicht.
Er weiß nicht so genau,
was er denken soll.
Und ob er diese Lisa
nett findet,
weiß er auch nicht.

„Sie hat gefärbte Haare“,
sagt Niko leise.
„Und diese grüne Hose!
Ist sie dafür
nicht schon zu alt?“

Opa lacht.
„Lisa arbeitet
in einem Blumengeschäft.
Sie mag alles,
was bunt ist.

Daran musste ich mich
auch erst gewöhnen.“
Niko zuckt mit den Schultern.

„Der Freitag bleibt
auf jeden Fall unser Tag“,
sagt Opa und drückt
Nikos Hand.
„Heute ist Lisa
nur ausnahmsweise da.
Nur für die Mittagspause!“

„Aber der Freitag ist für dich
nicht mehr der schönste Tag
in der Woche“,
sagt Niko traurig.

„Die Woche hat jetzt
mehrere schöne Tage“,
sagt Opa und lächelt
vor sich hin.

Niko gibt sich einen Ruck
und steht auf.
„Ich hab Hunger“,
sagt er.
„Mal sehen,
ob deine Lisa kochen kann.“

Italienische Pfannkuchen

In der Küche stinkt es!
Auf dem Tisch steht ein Teller
mit zwei schwarzen Pfannkuchen.
Mit einem dritten
kämpft Lisa noch.
Der klebt fest in der Pfanne.

„Ich gebe es auf“,
sagt Lisa und seufzt.
„Der Teig war viel zu dünn!“

Opa und Niko grinsen sich an.

„Mögen die Herren auch
italienische Pfannkuchen?“,
fragt Lisa.

„Immer!“,
sagen Opa und Niko
wie aus einem Mund.
Lisa lacht und saust los.
Ein Pizzabäcker wohnt
gleich um die Ecke.

Opa und Niko
räumen inzwischen
die Küche auf.

Eine halbe Stunde später
essen sie Pizza im Wohnzimmer.
In der Küche riecht es
immer noch fürchterlich.

Beim Essen
erzählt Niko endlich,
was in der Schule los war.
Und er lacht mit Opa und Lisa
noch einmal
über das Foto fürs Leben.

Es ist zu dritt
gar nicht so übel,
findet Niko.
Und Lisa ist eigentlich
sogar ganz nett.

Aber irgendwie bleibt in ihm
ein komisches Gefühl.
Opa Bernie gehört ihm
nicht mehr allein.
Das ist neu und tut etwas weh.

Außerdem ist da auch noch
so ein Fragezeichen ...

Als Lisa schon fort ist
und Opa und Niko
mit den Gartenstühlen anfangen,
fragt Niko:
„Ist das eigentlich normal,
dass Großväter sich verlieben?“

Opa zwinkert ihm zu
und sagt verschmitzt:
„Es passiert nicht sehr oft.
Aber manchmal hat einer Glück!“

Da weiß Niko
endgültig Bescheid!
„Herzlichen Glückwunsch“,
sagt er.
Opa zuliebe!

KÄNGURU

So macht Lesenlernen richtig Spaß – mit Büchern, die auf die unterschiedlichen Lernphasen zugeschnitten sind: 4 Lernschritte, 4 Buch-Reihen.

3. Lesestufe ab 7 Jahre

»Erste Geschichte

- Klare Textgliederung als Lesehilfe
- Große Fibelschrift
- Viele farbige Illustrationen

2. Lesestufe ab 6 Jahre

»Bildergeschichten zum Lesenlerne

- Eine abgeschlossene Geschichte in Bildern
- Leicht lesbare Fibelschrift
- Großes Format

1. Lesestufe ab 5 Jahre

»Mit Bildern lesen lernen«

- Kurze lustige Geschichten mit einfachem Text
- Bilder ersetzen Namenwörter
- Sehr große Fibelschrift
- Fünf doppelseitige Suchbilder

»Kinder werden dann zu begeisterten Lesern, wenn Buch und Leseentwicklung zusammenpassen.«

Prof. Dr. Manfred Wespel, lesedidaktischer Berater des KÄNGURU-Programms

4. Lesestufe ab 8 Jahre

»Leseabenteuer in Farbe«

- Bekannte AutorInnen / IllustratorInnen
- Viele farbige Illustrationen
- Große Schrift

um Selberlesen«